OBSERVATIONS

SUR LE

SOCIALISME D'ÉTAT

OBSERVATIONS

SUR LE

SOCIALISME D'ÉTAT

PAR

A. ROBERT

———

Prix : **2** fr.

———

LIBRAIRIE

DE LA SOCIÉTÉ DU RECUEIL J.-B. SIREY ET DU JOURNAL DU PALAIS
Ancienne Maison L. LAROSE & FORCEL
22, *rue Soufflot* (5ᵉ *arrond*ᵗ)
L. LAROSE & L. TENIN, Directeurs de la Librairie
—
1906

PRÉFACE

Nous présentons dans ces quelques pages aux esprits impartiaux un court plaidoyer en faveur d'une variété du socialisme d'Etat. Nous avons essayé de réfuter quelques-unes des préventions que beaucoup de personnes nourrissent contre cette forme de l'activité humaine. Le lecteur dira si nous y avons réussi.

Cet ouvrage est aride; il est probable qu'il sera peu lu; il partagera ce sort avec d'autres qui le laissent bien loin derrière eux. Toutefois il est regrettable que le public ne s'intéresse pas davantage aux questions dont dépend son bien-être futur; car c'est de ces discussions ardues que naîtra l'avenir.

Pour ôter toute équivoque, nous donnerons aux termes que nous employons la signification que leur a appliquée M. Bourguin dans son savant ouvrage sur les systèmes socialistes et l'évolution économique, c'est-à-dire que nous réserverons le nom de *collectivisme* au socialisme d'Etat intégral dans lequel la valeur est déterminée en unités de travail et le nom de *socialisme d'Etat* à celui qui remet tout ou partie de la production à l'Etat sans transformer le mode actuel de la valeur.

Ces conventions une fois faites nous espérons que le lecteur comprendra exactement notre pensée.

CHAPITRE PREMIER

Nécessité de l'organisation du travail

Ces mots : organisation du travail suscitent en général dans l'esprit de ceux qui les entendent, des idées fausses. Ils leur rappellent les jours les plus sombres de notre histoire : Paris livré à l'émeute, les ateliers nationaux transformés en régiments de l'insurrection. En un mot, le fantôme sanglant des journées de juin de 1848 est évoqué par des paroles qui de prime-abord semblent pourtant bien innocentes.

Il est difficile de renverser ces erreurs que la frayeur fait circuler de générations en générations. Les mots ont une magie singulière et souvent il faut changer le mot pour conserver la chose. Cela existe surtout en ce beau pays de France où l'on se grise de paroles comme d'un vin généreux et dont les premiers habitants comparaient l'éloquence à des chaînes d'or sortant de la bouche des orateurs. Cependant, nous braverons les défiances de l'opinion, nous conserverons la vieille expression parce qu'elle exprime parfaitement ce que nous pensons et que nous espérons dissiper quelques-uns des préjugés qui subsistent encore dans les esprits de la majeure partie des Français.

Il faut d'abord examiner quelle est la signification exacte de cette expression. En effet, le travail n'est-il pas déjà fortement organisé par les lois naturelles qu'a étudiées l'économie politique? D'ailleurs qui dit travail, dit ordre, méthode, organisation. Puisque les choses sont ainsi, comment et pourquoi les pousser plus loin?

Sans doute, le travail est organisé, mais l'est-il suffisamment? Ne peut-on pas perfectionner les méthodes? Sommes-nous donc arrivés à un état parfait?

Tout évolue. Au cours du siècle dernier une révolution économique formidable déterminée par les nouvelles inventions a bouleversé le monde qu'avaient déjà transformé les révolutions politiques. Tous ces changements doivent forcément réagir sur notre manière d'être et sur nos actes. La société sent comme un obscur malaise. De nouvelles aspirations ont surgi ; les masses veulent le bonheur après avoir trouvé la liberté.

Elles ont compris que les satisfactions politiques n'avaient qu'un effet très relatif sur les besoins économiques et que, s'il y avait là un pas essentiel de franchi, ce premier progrès devait être complété par beaucoup d'autres. La caractéristique de notre époque est là ; dans toutes les classes de la société les besoins augmentent avec une rapidité toujours croissante et la nécessité de l'évolution économique est rendue de jour en jour plus évidente par cet essor de désirs que l'on ne peut enrayer et qui, somme toute, sont légitimes.

L'homme a-t-il quelque chance d'arriver au succès dans la lutte qu'il entreprend contre la nature ? C'est la première question à élucider, puisque c'est d'elle que dépendent les autres. Une école de philosophes et d'économistes a répondu négativement, l'augmentation des denrées se faisant, s'il faut en croire la célèbre formule de Malthus suivant une progression arithmétique, tandis que l'accroissement de l'espèce humaine a lieu suivant une progression géométrique. Cela est possible et la preuve en serait dans ce fait qu'arrivés à une certaine densité de population, les peuples cessent de s'accroître ou s'expatrient. Mais si cela existe à l'heure actuelle, rien ne prouve qu'il doive toujours en être de même. Il faut se demander si la production n'est pas susceptible d'augmenter dans des proportions extraordinaires par l'emploi de nouvelles machines. Le chemin parcouru dans cette voie depuis cent ans est bien pour nous rendre optimistes.

Nous pouvons donc avoir bon espoir dans l'issue du combat que nous entamons pour l'existence. Il ne nous reste donc plus qu'à étudier les principes généraux qui doivent nous guider dans l'action.

Etant donné un travail quelconque à accomplir il importe que ce travail soit effectué avec le moindre effort possible ; parfois même il ne pourra être effectué qu'à cette condition. Comment, dans la production des richesses nécessaires aux humains, arrivera-t-on à supprimer les déperditions de force ?

Il est évidemment nécessaire : 1° que les hommes qui produisent les forces dont la résultante est l'action de la société tout entière, coordonnent leurs efforts ; 2° que chacun accomplisse une fraction déterminée de la besogne conforme à ses facultés de telle sorte que son travail produise le maximum d'effet utile tout en ne faisant pas double emploi avec un autre. La réalisation de ces deux principes est ce que nous appellerons l'organisation du travail.

Le lecteur remarquera que dans cette définition de l'organisation du travail, il n'est pas question de la répartition des richesses qui, dans tous les systèmes socialistes, a toujours tenu une place quasi prépondérante. C'est que nous la considérons comme découlant tout naturellement du développement de la production. Sans doute cela ne veut pas dire qu'il n'y ait sur ce point une doctrine à établir mais la partie la plus importante du problème est incontestablement celle qui concerne la production.

L'exemple des trusts, institution qui ne peut guère passer comme ayant un but philanthropique est là pour nous montrer que dans les œuvres de production intense même capitalistes les bienfaits en rejaillissent toujours sur le salarié. La chose est facile à comprendre : si les entreprises sont nombreuses les salariés font prime et on est obligé pour s'en procurer d'offrir des émoluments énormes comme aux Etat-Unis où beaucoup d'ouvriers gagnent couramment vingt francs par jour. Que sera-ce donc lorsque (et c'est le système que nous préconisons), les bénéfices d'une intense production seront répartis aux salariés en proportion de leur travail.

Comment les hommes ont-ils appliqué les principes que nous venons d'exposer? Sans doute ils ont compris qu'isolés ils ne pouvaient rien. Mais ils ne l'ont compris qu'imparfaitement ou plutôt l'égoïsme, qui est le fond de la nature humaine puisque ce n'est somme toute que la manifestation de l'instinct de conservation, les a saisis avec la violence de tout instinct et les a empêchés d'avoir la claire vision des choses. C'est pourquoi primitivement il n'y a union que sous la poussée des circonstances ou lorsqu'un audacieux impose sa domination par la force. Le groupement primordial est d'abord la tribu, extension du groupement naturel qui est la famille. Lorsqu'une union plus complexe s'accomplit, c'est d'abord au point de vue politique parce que dans ce cas c'est l'existence des individualités qui est en jeu. On se groupera beaucoup plus tard et d'une façon beaucoup plus imparfaite au point de vue économique.

A l'heure actuelle, tandis que les groupements politiques en sont arrivés à former des associations extrêmement homogènes, constituant des forces gigantesques et agissant avec une unité remarquable, ils sont restés très hétérogènes au point de vue économique. Sans doute, des groupements secondaires se sont formés au sein de la masse principale, sans doute l'organisme politique met sa force au service de l'action économique et sert de lien entre ces individualités ou ces groupes épars. Il n'en reste pas moins vrai qu'une sorte d'anarchie règne que nous trouvons toute naturelle parce que nous y sommes habitués mais qui fait piteuse mine lorsqu'on la compare à la perfection de la machine politique. De sorte qu'on peut dire que la force de travail d'un homme se décompose en deux parties : l'une, souvent la plus importante qu'il emploie à lutter contre ses semblables, l'autre qui lui sert à vaincre la nature. Il y a là une anomalie.

Cependant il faut reconnaître que de jour en jour les hommes se sentent plus solidaires les uns des autres. L'éclosion de ce sentiment est due tout particulièrement aux inventions du xixe siècle : chemins de fer, télégraphes, téléphones, canal de Suez, qui ont rapproché étroitement les nations. Les conséquences de cette transformation presque subite ont été de violentes crises économiques produites soit directement par l'emploi des nouvelles inventions (crise des industries de transport, crise des tissages) soit indirectement par les conditions nouvelles de la vie économique que ces inventions ont créées.

Jadis, la vie était beaucoup plus calme, chaque collectivité, de la plus grande à la plus petite, du hameau à la ville, formait un petit monde dont les éléments suffisaient à ses besoins. Chacun était assuré d'un travail plus ou moins rémunérateur. Aujourd'hui, une industrie peut se trouver ruinée du jour au lendemain, des milliers d'ouvriers peuvent manquer tout à coup de pain pour un léger changement dans l'équilibre économique. Les produits exotiques viennent bouleverser les marchés européens. Le négociant même modeste est souvent obligé de suivre les cours des denrées sur les marchés des capitales du monde. Agriculteurs, industriels et commerçants se rendent compte que leurs domaines sont de moins en moins nettement délimités et que leurs débouchés sont moins assurés qu'autrefois.

D'importants capitaux et des connaissances très

étendues sont nécessaires pour se lancer dans de petites entreprises. La moindre erreur se chiffre par des pertes considérables. Aussi, dans les pays vieux et un peu craintifs comme la France, les capitalistes préfèrent toucher un revenu faible mais sûr et les créations d'entreprises n'augmentent pas dans la même proportion que le nombre de bras à employer. De là provient cette crise si douloureuse du travail qui fait défaut à des gens désireux d'en obtenir, crise qui paraît injuste et qui n'est que le résultat de méthodes vicieuses. En se combinant avec la crise des carrières libérales produite par le développement de l'instruction secondaire, elle sème l'inquiétude et le mécontentement dans le pays.

Mais ce n'est point à la création d'une affaire que se bornent toujours les déboires de l'entrepreneur. A peine l'affaire est-elle lancée, et commence-t-elle à le rémunérer de ses peines, qu'une invention nouvelle, la concurrence de rivaux mieux outillés, un changement de goûts de la clientèle, vient rendre irrémédiablement mauvaise, une situation qui s'annonçait comme bonne. Ce sont alors ces crises de surproduction qui mettent le patron dans la terrible nécessité de cesser son travail pour chercher un nouveau but à son activité. Et ici encore, ce sont les peuples vieillis comme la France, qui résistent le plus mal. Tandis que l'Américain n'hésite pas à tenter la fortune par de nouveaux moyens, le Français luttera désespérément pour une cause qu'il sait être mauvaise mais à laquelle il est attaché comme un père à son fils malade, par toutes les fibres de son âme.

*
* *

En présence de ces difficultés toujours croissantes des économistes se sont demandé si le régime révolutionnaire qui avait supprimé, quelquefois au détriment de l'ouvrier, l'organisation du travail de l'ancienne France, n'avait pas été trop loin. Avec cet absolutisme qui est la dominante du caractère français, on a supprimé toutes les organisations corporatives sans se demander s'il n'y avait pas en elles quelque chose de bon que l'on aurait pu conserver. D'ailleurs, non seulement on les a supprimées mais on a considéré avec défiance (1) les associations économiques quelles qu'elles fussent. Ce régime individualiste le plus complet qu'on puisse imaginer est resté la base de l'organisation actuelle du travail.

Les vices n'en ont point tardé à se manifester clairement.

On peut les réduire à trois principaux :

a) Les moyens d'action de l'individu sont limités.

(1) V. art. 37, Code commerce.

b) La concurrence devient effrénée et généralement a lieu au détriment des faibles.

c) L'individu se trouve sans secours en cas d'accident quelconque.

a) Par le fait même que l'homme est isolé, ses moyens d'action sont restreints. Sans doute de puissantes individualités ont réussi à triompher et à dominer les foules mais leur action n'aurait-elle pas été beaucoup plus féconde si, au lieu de se méconnaître, voire même de se combattre, elles s'étaient unies. C'est d'ailleurs ainsi qu'opèrent aujourd'hui les grands industriels américains. Lorsqu'ils voient que la lutte est inutile, ils s'associent. L'homme isolé est faible en tout ; il est à la merci de tous ceux dont il a besoin, et qui peuvent lui imposer leurs conditions. Il peut rarement entreprendre une œuvre de longue haleine ou tant soit peu complexe, soit par manque de capitaux, soit par manque de capacités.

b) Une concurrence inévitable s'est engagée entre ces individualités isolées. Tant que leur nombre a été assez restreint pour qu'elles ne fussent pas dans un contact trop étroit, cette concurrence s'est faite sur une échelle modérée mais à l'heure actuelle où toutes les branches de production sont envahies, elle a pris une âpreté menaçante. Les bénéfices sont médiocres quand il y en a. Si un métier est bon parce que trois personnes le pratiquent, dix autres viennent le gâcher. Et naturellement la lutte est encore plus difficile quand elle s'engage entre nations. A cela les individualistes répondent que le tassement finit toujours par se faire. Oui, mais au prix de combien de ruines, de souffrances et de forces perdues. L'élimination des éléments inutiles n'a lieu qu'après une lutte qui ruine le vaincu et affaiblit quelquefois le vainqueur.

c) Enfin, l'homme isolé qui n'a que son travail pour vivre est à la merci de la vieillesse et de la maladie. Son existence et celle de sa famille ne sont jamais assurées. Il lui faudrait épargner mais souvent il ne le peut car ce qu'il gagne est juste ce qui lui permet de vivre. L'on sait combien sont nombreuses les proies que la misère guette ainsi.

.
. .

A mesure que ces inconvénients devenaient plus visibles, la plupart des économistes s'efforçaient d'y remédier sans toucher au grand principe de l'individualisme. Ils finirent par en arriver à mitiger les conclusions révolutionnaires et à préconiser l'association sous toutes ses formes, tout en écartant néanmoins l'intervention de l'Etat. D'ailleurs ils ne faisaient que suivre une évolution dont la rapidité croissait de jour en jour et qui constitue un des événements les plus extraordinaires de l'histoire. On en arrivait par des voies imprévues à grouper les efforts humains sans toutefois supprimer dans son essence le régime individualiste. Nous allons examiner brièvement si les trois catégories d'associations qui se sont efforcées de remédier aux inconvénients énumérés plus haut ont répondu aux espérances que l'on fondait sur elles.

a) L'ancien régime n'avait connu que les associations de personnes, le nouveau allait instituer les associations de capitaux. Ce fut lorsque la construction des chemins de fer et l'essor de la métallurgie qui en résulta eurent mis en lumière la nécessité de réunir des moyens d'action proportionnés à l'immensité de la tâche, que l'on comprit toute la valeur de ce merveilleux instrument : « la société par actions ».

On avait la formule qui devait adapter l'activité humaine aux nécessités nouvelles d'un régime économique infiniment plus complexe que celui d'autrefois.

Ce qui constitue la puissance de la société par actions c'est qu'elle draîne les modestes économies qui croupissaient stériles au fond des bas de laine et qu'elle permet au plus infime individu de contribuer à l'œuvre générale. Sans hésiter, l'industrie et le commerce firent appel au nouveau procédé, et des capitaux immenses furent réunis permettant l'élaboration de gigantesques travaux. L'homme sortait donc de son splendide isolement, sa puissance était développée à l'infini. Mais de graves défauts subsistaient dans le nouveau mode d'association. Il était surtout attaqué comme régime capitaliste.

Dans la société par actions comme dans toute autre entreprise, la rétribution du travail passe au capitaliste qui avance les fonds, solution juste dans l'état actuel des choses puisque sans capital il n'y a point d'affaire. Si les salariés de l'entreprise en étaient en même temps actionnaires, tout serait parfait. Il n'en est malheureusement jamais ainsi. Car, à moins de supposer une collectivité inspirant une telle confiance aux fournisseurs de matière première ou d'instruments, qu'elle jouisse auprès d'eux d'un crédit illimité, tout fondateur devra faire appel au capital, soit qu'il le possède déjà, soit qu'il l'emprunte.

Outre les inconvénients inhérents à toute organisation capitaliste, la société par actions en a un autre plus grave qui tient à son caractère individualiste : elle ne se développe que dans les circonstances où elle est indispensable. Et c'est pourquoi son champ d'action s'agrandit lentement et une branche entière de l'activité humaine, l'agriculture, lui est soustraite. Son œuvre est considérable mais incomplète. De plus, si l'on envisage les sociétés prises comme individualités, on reconnaît qu'il y a entre elles les mêmes compétitions qu'entre les hommes isolés.

En dépit de toutes ses imperfections, la société par actions a montré aux masses ce qu'était l'organisation et la concentration du travail ; elle a montré qu'une vaste centralisation analogue à celle de l'Etat n'était pas un obstacle à l'action comme le prétendaient les individualistes ; elle peut enfin favoriser la reprise par l'Etat des grandes branches de production. Elle a préparé ainsi les voies du socialisme.

C'est un progrès dans l'évolution mais ce n'est pas le dernier terme de l'évolution.

Quant aux sociétés coopératives de production et de consommation, leur principe est excellent et on peut même admettre leur existence dans une société régie par le socialisme d'Etat. Néanmoins on leur adresse les mêmes reproches qu'aux sociétés par actions. Leurs bienfaits s'appliquent surtout aux adhérents, leur diffusion est lente ; reste à savoir si leur emploi peut devenir universel, ce qui est douteux. On ne peut en faire la base d'un système.

b) Contre la concurrence, on a créé diverses sortes d'associations dont le type est le syndicat.

Le syndicat est une association qui a un double but : défendre les intérêts communs aux associés et surtout atténuer la concurrence. Au moyen du syndicat, un groupe de commerçants peut s'astreindre à vendre ses marchandises à des prix communs à tous les membres du groupe de telle sorte que l'un d'eux, en baissant ses prix ne puisse faire aux autres une concurrence désastreuse. Le système est peu répandu en France, quoique très efficace. Il est vrai que dans les pays où on l'emploie beaucoup il engendre des abus considérables.

c) Enfin, des compagnies d'assurances et des sociétés de mutualités de toutes sortes se sont efforcées de prévoir tous les accidents qui pouvaient atteindre l'homme isolé réduit à son seul travail. Mais en dépit de multiples combinaisons, d'efforts très louables souvent couronnés de succès, il ne semble pas que l'assurance ait pénétré les couches profondes de la nation et qu'elle y ait apporté le remède attendu. On parle à l'heure actuelle d'établir en France les retraites ouvrières et l'assurance obligatoire. On se heurte à de telles difficultés que l'on ne semble pas prêt d'aboutir.

Ainsi donc, nous constatons que l'on s'est efforcé de remédier aux graves défauts du régime individualiste. On a trouvé des moyens très ingénieux, mais qui malheureusement sont insuffisants, car les difficultés à vaincre sont immenses. Il faut grouper des millions d'hommes, terrasser des préjugés,

2

combattre des égoïsmes et expliquer où se trouvent leurs véritables intérêts à des gens qui l'ignorent totalement. Rien d'étonnant à ce que la tâche soit rude.

CHAPITRE II

L'Etat doit-il intervenir ?

Puisque nous venons d'achever l'examen rapide de l'organisation du travail telle qu'elle est actuellement, il nous faut étudier les deux grandes écoles qui discutent la voie dans laquelle l'avenir doit s'engager.

L'une continue à préconiser l'emploi du régime individualiste en le mitigeant de plus en plus au moyen des associations que nous avons énumérées plus haut. L'autre fait appel au concours de l'Etat. Les premiers estiment que rien ne vaut l'initiative privée, aiguisée par l'intérêt personnel, les autres se demandent si l'emploi dans le domaine économique de cette puissance colossale faite de toutes les forces vives d'un pays et que l'on nomme : « Etat » n'apporterait pas la solution des problèmes sociaux.

Nous faisons sans hésiter notre choix en faveur de l'intervention de l'Etat.

Ce choix sera justifié si l'on peut démontrer théoriquement la possibilité pour l'Etat d'exploiter convenablement les grandes branches de la production, car c'est, à notre avis, la plus logique, celle qui permet d'agir avec le plus de méthode et qui met en œuvre pour l'exécution toutes les ressources du pays.

Ce n'est pas qu'elle ne recèle les plus grandes difficultés dans le passage de la théorie à la pratique ; mais nous croyons qu'il y a encore avantage à l'employer quels que soient la lenteur et les tâtonnements du début parce qu'une fois la formule d'application trouvée, on avancera très rapidement. En tous cas, la seconde méthode semble demander beaucoup plus de temps et de travail.

En effet, d'après les individualistes, on verra se former, sous la poussée de la nécessité et par la seule initiative privée de vastes fédérations de sociétés coopératives de production et de consommation qui elles-mêmes s'entendront pour l'échange de leurs produits. Ces fédérations agiront conjointement à des trusts ou cartels qui centraliseront les autres branches de production. Pour tenir tête au capital tout-puissant et protéger le sort des travailleurs, de vastes syndicats ouvriers se formeront qui imposeront aux associations capitalistes des contrats collectifs de travail.

Le plan est séduisant, mais il fait vraiment la part trop belle au hasard et au bon plaisir de chacun. Plus nous irons, plus les peuples seront forcés de s'organiser méthodiquement pour la lutte économique comme pour la lutte à main armée. C'est pourquoi en dépit de la rapidité du mouvement coopératif il est permis de le trouver insuffisant comme palliatif aux difficultés de l'époque actuelle. Calculez le temps qu'il faudra pour que les associations locales se forment, se fédèrent, puis que les fédérations commencent à entrer en relations. Examinez les difficultés qui surgiront lorsqu'il s'agira de concilier les intérêts forcément très différents d'établissements créés pour rester autonomes et, en dépit de la plus active propagande, voyez combien de temps et d'efforts perdus. Ici il faudra supprimer un établissement, là en rétablir un autre. Les organes directeurs des fédérations devront avoir une intelligence et une énergie peu communes pour mener à bien cette œuvre difficile.

Puisqu'il faut arriver à la centralisation d'une manière ou d'une autre de l'avis des individualistes (centralisation, entendons-nous bien dans la conception, non dans l'exécution), puisque l'étude de l'évolution économique indique formellement que nous y tendons plus ou moins rapidement, essayons de prendre le chemin le plus court quelles que soient les difficultés qui en rendent l'accès difficile.

D'ailleurs, de plus en plus, la nation fait appel au concours de l'Etat, bien qu'en général tout le monde se défende de vouloir le faire intervenir dans des choses qui, suivant les idées du jour, ne le regardent point. Et ceux qui protestent le plus bruyamment sont souvent les premiers à réclamer par dessous main cette intervention honnie.

Aussi voit-on les questions économiques primer les questions politiques et les nations tirer l'épée pour procurer des débouchés à leurs produits. Les attributions économiques de l'Etat deviennent tous les jours plus nombreuses. Travaux publics, statistiques, diffusion de l'enseignement agricole, commercial ou industriel, droits protecteurs de douanes, encouragements à l'initiative privée, les Etats n'épargnent rien pour conserver leur prépondérance pacifique. Et cette active intervention n'a pas lieu seulement en France où l'on a toujours eu une tendance à considérer l'Etat comme une providence, mais encore dans les pays les plus individualistes.

Une influence plus directe encore des pouvoirs publics n'a donc rien qui doive nous effrayer. Il ne peut d'ailleurs être question de voir la réforme économique réagir sur notre existence politique au détriment de nos libertés. Le mécanisme de l'Etat deviendra seulement plus compliqué, mais ne l'est-il pas devenu sans que nous nous en apercevions. Il suffit de considérer l'évolution administrative qui reste une des belles créations du génie de l'homme pour s'en convaincre.

D'un pays formé de petits groupements indépendants et hostiles les uns aux autres, jaloux de leurs privilèges, absorbés dans leur petite activité intérieure, en un mot de ce point de départ qu'était la féodalité, voici que l'on est arrivé à faire de trente millions d'hommes une masse homogène dont la force est faite de toutes leurs forces réunies, levier formidable et pensant qui peut quand il le veut faire osciller le monde. Des êtres qui s'ignorent concourent à un but commun et vibrent à la même pensée.

Ils ont des besoins proportionnés à leur nombre. L'État les satisfait. Regardez ces immenses travaux que l'initiative privée n'aurait pas même songé à entreprendre. Examinez par exemple, et ceci vous donnera la mesure de cette force, ce qu'est la défense d'un grand pays. La nation connaît avec une précision presque absolue, ses ressources en hommes, chevaux, matériel, etc... Si la guerre éclate, au signal donné, l'énorme machine qu'est l'armée moderne s'ébranle. Chaque corps sait la route qu'il doit prendre, à quelle heure il doit s'embarquer, à quelle heure il arrivera. En même temps tous les citoyens se transforment en soldats; chacun d'eux sait l'endroit où il doit se rendre; il y trouvera des armes et des vêtements. Considérez d'un peu près cet ouvrage, supputez la somme de travail qu'il représente, les calculs minutieux qu'il a fallu établir. Alors vous saurez comment on peut réunir les efforts de millions d'hommes et peut-être vous étonnerez-vous moins de la confiance que nous témoignons à l'Etat.

Eh bien ! pourquoi ne pas employer davantage cette force ? Cantonnée dans un domaine ingrat, elle a fait des merveilles. Pourquoi n'en ferait-elle point sur une terre féconde ? Quoi ! l'Etat peut rassembler ce prolétariat qui lui réclame du travail, cet or qui dort inutile dans ses caisses, et les occuper à créer de nouvelles sources de production. Pourquoi hésite-t-il à le faire ? Y a-t-il une impossibilité formelle ? C'est ce que nous verrons dans la suite.

Enfin nous espérons que cette intervention aurait pour résultats de répartir plus justement les produits du travail. L'Etat étant l'émanation de la collectivité et pouvant par conséquent envisager les choses avec une ampleur d'idées que ne peut avoir l'entrepreneur privé, doit prendre pour devise : à chacun selon son travail. Le dividende que touche le capital à l'heure actuelle passera donc aux travailleurs dans la mesure du possible, c'est-à-dire déduction faite de la part réservée aux besoins généraux, et sera réparti entre eux suivant leurs mérites respectifs. Meilleure production, meilleure répartition, voilà ce que pourrait donner le nouveau mode d'organisation du travail. Le problème vaut la peine d'être examiné de près.

CHAPITRE III

Objections au principe

En France, tout ce que fait l'Etat est généralement considéré comme mal fait. Il n'y a pas de brocards que l'on n'ait lancés contre cette fameuse administration que l'Europe nous envie. De ces critiques les unes sont justifiées, les autres ne le sont pas. Je crois même pouvoir affirmer que c'est le plus grand nombre. Quoi qu'il en soit une atmosphère de défiance enveloppe les actes des pouvoirs publics. Dès que vous soulevez la question de l'intervention de l'Etat, sans se préoccuper de savoir à quelle variété de socialisme vous appartenez, vos adversaires vous jettent à la tête quelques objections portant sur le principe même de l'intervention, laquelle, disent-ils, ne peut être que néfaste. « Car, cette intervention entraîne avec elle des vices qui lui sont inhérents. On les voit apparaître même dans les attributions les moins indiscutées de l'Etat. Ils y sont supportables parce que la nature de ces attributions ne permet pas leur développement mais il n'en

serait certes pas de même dans des fonctions économiques ainsi que le prouvent les expériences faites
en ce sens ». Et l'on cite le fonctionnement déplora-
ble des postes, des manufactures de tabac, etc , etc.

C'est commettre une pétition de principe que rai-
sonner de cette manière. L'État ne doit pas être
écarté *a priori* du domaine économique sous prétexte que jusqu'à présent il s'y est montré inférieur
à l'initiative privée car rien ne prouve qu'il en sera
toujours ainsi.

Ce n'est pas à dire que le système administratif
actuel pourra être employé de but en blanc dans les
futurs établissements. Non certes puisque des réformes s'imposent même dans les services actuels. Il
faudra par conséquent créer de nouveaux procédés
administratifs; mais la condamnation immédiate de
l'action économique de l'État ne peut se justifier
uniquement par les leçons du passé, et, si nous prou-
vons que ces vices dont nous parlions tout à l'heure
et qui fournissent leurs meilleurs arguments aux
adversaires de l'intervention, ne sont pas sans
remède, nous pourrons admettre le principe du
socialisme d'État.

On adresse surtout aux services administratifs
les critiques suivantes. Remarquons en passant que
ces critiques pourraient aussi s'adresser à bien des
administrations privées.

a) La centralisation est excessive et par consé-

quent l'administration est si lourde et si complexe
que tout se fait mal et avec une désespérante lenteur.

b) La mollesse et la négligence sont inévitables
de la part des fonctionnaires.

c) Le favoritisme décourage les bons et peuple
les cadres de gens inférieurs à leur tâche.

Et c'est tout. C'est la solution de ces trois objections qui constitue la clef du problème social. Nous
espérons établir que ces trois obstacles qui forment
le rempart de l'individualisme sont loin d'être insurmontables.

a) Qu'est-ce d'abord que la centralisation ?

La centralisation est l'ingérence du pouvoir central dans les moindres manifestations de l'activité
d'un pays pour les surveiller et les réglementer
minutieusement.

C'est du moins ainsi qu'on la comprend généralement. La conséquence de cette manière d'agir est
que le pouvoir central, semblable à un cerveau con-
gestionné, accablé sous le nombre des affaires qui
lui surviennent de tous côtés se trouve dans un
fâcheux dilemme. Ou bien il négligera les moins
importantes et le bien-être de la nation en sera
diminué ou bien il négligera les plus importantes et
c'est alors l'existence même de la nation qui sera en
péril.

« Or, dit-on (et c'est ici que commence l'erreur),

dès que vous faites intervenir l'État quelque part vous ne pouvez que tomber dans une centralisation excessive car la centralisation est la raison d'être de l'État ; c'est ce qui constitue sa force puisque celle-ci est la résultante de toutes les forces éparses et latentes dans le pays. Tous les avantages que vous comptez retirer de son action proviennent de cette centralisation : l'ordre, l'uniformité dans les méthodes, les prévisions exactes, tout cela est le fait de la centralisation. Si vous décentralisez vous perdez vos rares avantages et en même temps le bénéfice de l'initiative privée. C'est pourquoi tenez-vous-en à cette dernière et ne faites appel à l'État que quand il est impossible d'agir autrement ».

Tout ceci repose sur une fausse idée de ce que doit être la centralisation en réalité. Il s'agit d'organiser un peuple, non pas de le mettre en lisières. Il y a une nuance.

Centraliser un pays, dans le sens exact du mot, c'est lui donner une tête qui conçoit et des membres qui exécutent, c'est lui donner un pouvoir central qui détermine le but à atteindre et les moyens pour y parvenir, mais qui abandonne les détails de l'exécution à des pouvoirs inférieurs responsables, sur lesquels il exerce un droit de contrôle. De cette manière on laisse à chacun sa fonction. Les affaires ne vont point s'enfouir dans des bureaux dont elles ne sortent pas et chaque autorité locale les exécute conformément à la direction supérieure qui est elle-même conforme à l'intérêt général. Enfin grâce à cette large autonomie des agents d'exécution, on arrive à joindre la force de la centralisation administrative à l'esprit d'initiative de l'industrie privée. C'est dans cette indépendance des pouvoirs subalternes que réside la solution des difficultés administratives, car en leur ménageant une sphère d'activité on soulage le pouvoir central de préoccupations qui ne peuvent l'intéresser et qui l'embarrassent au détriment de sa véritable fonction : la direction générale.

Sans doute, ces principes ne sont pas encore appliqués avec toute la rigueur désirable, mais il faut tenir compte des nécessités politiques, qui en empêchaient la réalisation.

Un peuple qui s'organise doit nécessairement posséder un gouvernement fort. C'est pourquoi tout l'ancien régime vise à une centralisation rigoureuse. Supprimée par la Révolution qui institue un régime tellement décentralisateur qu'il aboutit à l'anarchie, la centralisation est relevée par le Consulat, poussée par lui à ses dernières limites et appliquée à toutes les branches où s'exerce l'activité de l'État.

Tant que le génie de l'Empereur fut là pour donner la vie à cette monstrueuse machine, les choses allèrent bien. Mais lorsqu'il fit défaut, les plaintes éclatèrent de tous côtés. C'est pourquoi, pendant tout le xix° siècle on vit la décentralisation se poursuivre lentement mais sûrement, grâce du reste à cette admirable loi du 28 pluviôse an VIII qui la rendait aisée, et les pouvoirs régionaux et locaux élus, c'est-à-dire indépendants rentrer progressivement dans les attributions qui logiquement leur revenaient. L'évolution n'est pas terminée mais déjà les résultats acquis sont considérables.

Il est donc abusif de prétendre que toute intervention de l'État aboutit à une centralisation excessive et à son corollaire une administration lourde et impuissante lorsque nous voyons au contraire une tendance se dessiner vers la plus large décentralisation, tendance qui, en aboutissant, simplifiera l'administration sans amener une diminution de force.

Cependant nous reconnaissons que l'État a beaucoup à faire sous ce rapport et qu'il ne peut entrer dans le domaine économique qu'avec l'intention ferme d'y appliquer un système administratif laissant aux divers établissements une large autonomie. Cette indépendance des pouvoirs secondaires est en effet plus nécessaire et plus féconde dans les entreprises industrielles, agricoles ou commerciales. Mais comment arriver à cette organisation ? Nous étudierons cette question ultérieurement. En tous cas nous pouvons affirmer dès maintenant que les imperfections de son administration ne sont pas un motif suffisant pour détourner l'Etat de l'action économique.

b) La seconde critique qui concerne la mollesse des fonctionnaires est également bien exagérée dans l'état de choses actuel. Nous allons démontrer qu'elle tombe entièrement si on envisage l'Etat agissant logiquement sur le domaine économique.

On a prétendu que cette nouvelle armée de fonctionnaires que l'Etat créerait, montrerait autant de laisser-aller que celle qui existe déjà maintenant. Le fonctionnaire n'a aucun intérêt personnel qui vienne surexciter son zèle. Qu'il fasse sa tâche à peu près ou très bien on ne lui en saura aucun gré. Transportez un tel état d'esprit dans les affaires les résultats seront évidemment désastreux. C'est pourquoi nous préconisons l'adoption des procédés commerciaux. Intéressez pécuniairement ces hommes au travail à faire, vous les verrez, excités par l'appât du gain, se dépenser sans compter.

Déjà l'administration emploie ce procédé ; dans les douanes en particulier, les agents touchent un tant pour cent sur les amendes. Mais il est clair que ce procédé ne peut être qu'exceptionnel dans les services politiques qui ne se prêtent nullement à son développement ; on ne voit pas un colonel touchant une prime pour les économies faites sur l'ordinaire. Au contraire, on ne saurait concevoir l'Etat-Producteur n'associant pas ses fonctionnaires aux bénéfices.

Ce serait la ruine en peu de temps car une entreprise quelconque ne peut subsister et prospérer que par l'initiative toujours active et toujours en éveil des gens intéressés à son existence. La concurrence est là qui guette et la moindre négligence peut amener un désastre. Pour susciter cette initiative dans un milieu administratif il faut par conséquent employer le même procédé. Il réussira infailliblement si on intéresse sérieusement le fonctionnaire et comme l'Etat, par suite de l'amour des Français pour le fonctionnarisme peut exécuter une sélection, il possédera des services de premier ordre.

c) Quant à la troisième critique, elle est grave. « Sans doute, dira-t-on, la sélection des fonctionnaires économiques peut être parfaite en théorie mais ne sera-t-elle point entachée des mêmes abus qui infligent actuellement à l'administration des fonctionnaires incapables pour lesquels on crée des sinécures et que l'on pourvoit d'avancements scandaleux? »

C'est en effet un des points délicats du problème. Il serait dangereux de se lancer dans des voies aussi nouvelles que celles du socialisme d'Etat en conservant ces vieux errements. Aussi le jour où la France se décidera à essayer ces doctrines de progrès, il faudra qu'elle confie ses destinées à des mains énergiques ou que son éducation politique soit très avancée.

Mais quelle que soit la hauteur de l'obstacle ne nous décourageons pas ; il tombera le jour où le peuple français éclairé par une active propagande se décidera à exiger de ses représentants le respect de la justice dans le choix du personnel administratif.

*
* *

Après avoir ainsi écarté les objections que l'on oppose généralement à ce principe de l'intervention de l'Etat dans la production passons à son application.

CHAPITRE IV

Le choix du régime économique

C'est une grave décision à prendre que le choix du
régime économique auquel on va soumettre un grand
pays. Un pareil changement bouleverse tant d'intérêts, heurte tant de préjugés, que pendant longtemps on n'a pu admettre la possibilité de sa réalisation qu'à la suite d'une révolution sociale aux
résultats éphémères.

Aujourd'hui les idées se sont modifiées et les
socialistes révolutionnaires eux-mêmes semblent
n'avoir qu'une confiance limitée dans l'éventualité
et l'efficacité d'un cataclysme social.

En réalité, on ne peut envisager une réforme du
régime économique qu'à la condition de la supposer
réalisable par degrés. C'est la conclusion à laquelle
se sont arrêtés l'immense majorité des économistes
impartiaux à quelque doctrine qu'ils appartinssent.
Le futur régime sera le terme d'une évolution dont
la durée ne peut être prévue.

C'est pourquoi, il est nécessaire de choisir parmi

les systèmes en présence, celui qui, tout en étant le plus favorable à une bonne organisation de la production, nous semble le moins en contradiction avec les habitudes de la majeure partie des citoyens.

Puisque, d'après ce que nous avons exposé précédemment, le système doit reposer principalement sur l'intervention de l'Etat, nous le ,chercherons dans les différentes doctrines socialistes. Mais parmi ces doctrines nous éliminerons tout d'abord le socialisme sociétaire et le coopératisme qui agissent en dehors de toute immixtion des pouvoirs publics et sont plutôt des formes individualistes de l'organisation du travail. Restent donc en présence, le collectivisme pur, le socialisme d'Etat intégral et le socialisme communal.

Le collectivisme pur ne peut retenir longtemps notre attention. Construction arbitraire de l'esprit, il est impossible d'en concevoir la possibilité par analogie aux faits qui se déroulent sous nos yeux. Aussi ce mode de la production est-il théoriquement très difficile à défendre. La nouvelle unité de valeur, l'insupportable tyrannie qui résulterait nécessairement de cette conscription du travail, sont en particulier le sujet de critiques quasi-irréfutables. Quant à l'application pratique nous n'avons aucun exemple dans notre société actuelle qui nous en fournisse une idée. Dans ces conditions, il faudrait un miracle pour qu'une expérience pût réussir. Et comme l'insuccès de l'expérience pourrait entraîner la ruine du pays qui l'aurait tentée, il est probable que ce n'est pas de si tôt que nous verrons l'avènement du pur collectivisme.

Nous restons ainsi en présence du socialisme d'Etat intégral et du socialisme communal qui conservent notre système monétaire et avec lesquels peuvent parfaitement se concilier la propriété individuelle et la liberté. Nous cessons de planer dans le chimérique pour nous affermir sur des réalités.

En fait ces deux systèmes n'en font qu'un ; le dernier n'est qu'un mode du précédent. Dans ces deux régimes le gouvernement politique reste centralisé ainsi que les grandes fonctions économiques mais dans le socialisme d'État intégral la centralisation est poussée à ses dernières limites par la prépondérance et l'ingérence absolues du pouvoir central dans les moindres branches de la production. Dans le socialisme communal au contraire existe une large décentralisation dont la commune est le pivot. La commune est l'unité économique de production, c'est elle qui constitue la base du régime ; mais son autonomie ne doit pas entraîner une annihilation complète du pouvoir central dont l'action est toujours nécessaire pour coordonner les efforts de la production, et pour surveiller les rapports d'échange entre les communes. Grâce à la commune qui est modelée sur le groupement naturel, ce système est très souple et peut s'adapter facilement aux circonstances de temps et de lieux.

Ces deux systèmes mis en présence, notre choix se portera évidemment sur le socialisme communal qui évite le grave reproche que l'on a si souvent adressé à l'Etat : la centralisation à outrance. Cette centralisation est poussée si loin dans le socialisme d'Etat intégral que l'on ne peut y voir qu'un pur concept de l'esprit et un procédé explicatif. Il se produira dans l'administration économique une évolution semblable à celle qui a eu lieu dans l'administration politique. La centralisation très forte dans les débuts au moment des difficultés de l'organisation, s'atténuera par degrés mais on ne verra jamais cependant une centralisation comparable à celle du socialisme d'Etat intégral qui est impossible autrement qu'en théorie.

C'est donc le socialisme communal dont nous allons discuter l'application, mais nous en modifierons la conception habituelle. En effet, ce système tel qu'il résulte des travaux des auteurs qui l'ont étudié est beaucoup trop simpliste. Un système administratif ne peut être aussi primitif, il y a des rouages intermédiaires à créer entre le pouvoir central et la commune sous peine de se heurter à des difficultés pratiques insurmontables.

CHAPITRE V

Schéma de l'organisation économique

C'est de l'étude de notre organisation administra·
tive que nous déduirons la structure de l'organisation économique. On sait que l'on distingue en droit
administratif les intérêts généraux, régionaux et
locaux dont le soin est confié à des pouvoirs différents
ayant des attributions nettement délimitées. Ce clas-
sement des besoins d'un pays est parfaitement logique. Ne laisser subsister que les intérêts locaux en
face des intérêts généraux, le faible en face du fort,
supprimer entre eux toute transition, c'est aboutir
en ce qui concerne le bien-être et la prospérité du
pays à une impossibilité absolue d'y pourvoir. En
effet, le bien-être et la prospérité de chacune des
communes qui le composent sont liés à la solution
d'une série de questions qui, tout en étant en dehors
des attributions caractéristiques du pouvoir central,
sont au-dessus de la compétence des représentants
locaux. Ceux-ci peuvent même ne pas s'en rendre
compte. Ce sont par exemple des voies ferrées, des

routes, des hôpitaux dont la création et l'entretien intéressent plusieurs communes à la fois.

Pour étudier des matières aussi complexes, il faut un pouvoir spécial en dehors des luttes de clochers et possédant une compétence suffisante. Il pourvoira aux intérêts d'une même région et sera l'intermédiaire tout indiqué entre la commune et l'Etat. C'est pour ces raisons que la région a toujours été la pierre angulaire de tous les systèmes administratifs.

Or, si l'utilité de ce pouvoir intermédiaire se fait sentir en matière politique, à plus forte raison, est-il nécessaire en matière économique où les décisions doivent être rapidement prises et l'exécution des ordres attentivement surveillée car la lenteur de la décision entraîne la lenteur de l'action et la non exécution des ordres, des pertes de temps et d'argent. Il faut donc adjoindre à la commune économique le département économique.

Ce premier point admis, nous pourrons préciser le rôle des trois organes économiques : le pouvoir central, le pouvoir régional, le pouvoir local. Nous opposerons toujours au pouvoir central les pouvoirs régionaux et locaux que nous désignerons sous le nom commun de pouvoirs secondaires, la commune pouvant se ramener au département dont elle est une subdivision.

a) Une première règle s'impose qui découle de la nécessité de décentraliser le plus possible. Les localités et les régions jouiront *en principe* d'une autonomie complète en ce qui concernera la satisfaction de leurs propres besoins. Si une localité par exemple croit pouvoir produire avantageusement avec ses propres moyens un objet de consommation, le pouvoir communal sera parfaitement libre de décider à ses risques et périls et sur le budget dont il dispose, la construction d'une usine nécessaire à la consommation locale. Il est évident que le pouvoir communal ne sera pas assez fou pour fabriquer à perte.

Mais si ce même pouvoir veut construire une usine qui produise non seulement pour la région ou la commune mais encore pour le reste du pays et l'étranger, alors il ne peut opérer sans l'autorisation et le contrôle du pouvoir central.

Cette manière d'agir se justifie aisément. La réglementation de la production par le pouvoir central est nécessaire dans la mesure où la production s'adresse à la consommation nationale. Agir autrement c'est supprimer inutilement la liberté et l'esprit d'initiative. Il n'y a aucun danger à laisser aux pouvoirs secondaires la responsabilité de leurs actes puisque somme toute ils n'engagent que le budget qui leur a été spécialement confié. Mais on ne peut leur reconnaître la compétence suffisante pour évaluer les besoins du pays tout entier.

C'est le pouvoir central qui doit accommoder la

production à la consommation et jouer par conséquent le rôle de régulateur. Ce rôle est de la plus haute importance, puisqu'il permet d'éviter dans une large mesure les crises de surproduction. En effet si le pouvoir central parvient à posséder la haute main sur la production du pays, il peut grâce à la statistique et aux multiples moyens d'investigations dont dispose un Etat, la faire évoluer de telle sorte que ces crises redoutables soient plus rapidement atténuées que lorsque, seules, les variations du prix servent d'indication à la production. D'ailleurs le pouvoir central consulte toujours les pouvoirs secondaires avant de prendre une décision.

Mais comment le pouvoir central peut-il régulariser l'ensemble de la production ?

b) Nous examinerons d'abord dans quels cas le pouvoir central ne fait pas appel aux pouvoirs secondaires pour l'organisation de la production, et ensuite dans quels cas il opère avec leur concours.

α) Il y a certaines industries qui non seulement se prêtent parfaitement à une forte centralisation mais encore ne peuvent s'en passer. On concevrait difficilement une compagnie de chemins de fer où les chefs de gare pourraient faire partir les trains aux heures qui leur conviendraient le mieux. Il est évident que pour de pareilles industries qui exigent en outre une direction technique de premier ordre l'intervention des pouvoirs secondaires ne pourrait qu'être une cause d'impuissance et de désordre.

Prenons par exemple la grande métallurgie. Il est clair que dans l'Etat socialiste cette branche de la production doit être centralisée. Elle ne comporte en effet qu'un nombre restreint d'établissements très importants où la division du travail règne souverainement. De quel intérêt pourrait être l'intervention des pouvoirs secondaires. Sans doute ils pourront présenter les observations qu'ils voudront. L'un demandera par exemple qu'une usine soit fondée sur son territoire. Mais un rôle plus actif ne pourrait qu'être gênant parce qu'il augmenterait inutilement le nombre des rouages et par conséquent celui des conflits.

Au contraire grâce à une forte centralisation, la division du travail et la réduction des frais généraux peuvent être poussées à leurs extrêmes limites. Si les circonstances l'imposent, on n'hésite pas à modifier l'outillage malgré les sacrifices momentanés qui en résultent. En un mot, on profite pleinement de tous les avantages de la grande industrie. D'ailleurs, dans des branches de production même fortement centralisées, les divers établissements pourront jouir d'une certaine autonomie comme cela a lieu dans les grands établissements de crédit pour les succursales. Ainsi un directeur d'usine aura le droit de faire sous sa seule responsabilité les achats de matière première. Mais cette autonomie sera intérieure pour ainsi dire et ne profitera pas aux pouvoirs secondaires.

La concentration des industries auxquelles s'appliquera ce régime est relativement facile en France. Il n'y a qu'à examiner les trusts américains pour s'en rendre compte. Le trust de l'acier contrôle 80 p. 100 de la production et celui du sucre en a contrôlé 90 p. 100 et cela dans un pays beaucoup plus grand que la France et par la seule force de l'initiative privée.

β) Mais cette concentration de la production n'est pas toujours possible. Il y a des cas où la moindre tentative en ce sens présenterait des difficultés insurmontables. C'est alors que l'Etat fait appel aux pouvoirs secondaires de la manière suivante :

D'après les indications de la statistique, il détermine la quantité de produits que devront fournir les différents départements ; il laisse aux pouvoirs secondaires toute la liberté possible pour organiser le travail. C'est donc le pouvoir régional ou local qui déterminera le nombre des travailleurs et celui des établissements, c'est lui qui indiquera les endroits où ils devront être placés, etc... L'union des deux catégories de pouvoirs implique du reste des rapports complexes que nous étudierons ultérieurement.

Cette analyse nous permet de discerner les principaux caractères de l'Etat socialiste.

Tandis que son activité locale peut s'exercer librement et spontanément, nous voyons le pays donner avec méthode la somme de travail nécessaire pour satisfaire ses besoins généraux. Il évite ainsi les forces perdues dans les luttes de la concurrence, luttes qui brisent souvent des individualités de valeur perdues à tout jamais pour la cause du progrès.

C'est donc bien théoriquement le régime idéal puisque, par une décentralisation judicieusement opérée, il unit la souplesse à la puissance. Le principe peut être admis comme juste. Il nous reste à examiner les difficultés que soulève le passage de la théorie à la pratique.

CHAPITRE VI

La liberté et la propriété individuelle
L'égalité

Avant de pousser plus avant l'étude du socialisme d'Etat, on doit envisager les conséquences qui résulteront de son application au point de vue politique. Il ne faut pas oublier que les conquêtes de la Révolution sont devenues la base de notre existence civique et qu'une atteinte même indirecte aux principes de 1789 soulèverait contre ceux qui s'en seraient rendus coupables un irrésistible mouvement d'opinion.

Parmi ces conquêtes celle de la liberté nous tient le plus au cœur. Il semble que la liberté nous soit devenue aussi nécessaire que l'air et la lumière. C'est pour elle que quatre révolutions se sont succédé et son nom glorieux s'inscrit au fronton de tous nos monuments.

Cependant c'est elle que l'opinion publique croit la plus menacée par l'avènement d'un régime socialiste ; et cela explique les résistances acharnées que rencontre, même dans des milieux modestes les apôtres des revendications sociales.

Il faut bien dire que la plupart des doctrines qu'ils ont émises étaient bien faites pour fortifier cette opinion. La manière dont s'établira le futur régime est d'une obscurité menaçante ; il est question de cataclysme, de révolution sociale, de reprise des biens par la nation, sans indemnité naturellement, toutes choses faites pour effrayer les capitalistes n'eussent-ils d'ailleurs qu'un faible capital. Le porteur d'une ou deux obligations de la ville de Paris est souvent plus ombrageux que le gros actionnaire d'une industrie sise à l'étranger.

Mais si les capitalistes sont inquiets, il arrive fréquemment que les non-capitalistes le sont également, car beaucoup d'entre eux se demandent avec anxiété ce qu'il adviendra une fois la révolution opérée. Toucheront-ils un salaire aussi élevé que celui qu'on leur donne actuellement ? L'industrie qui les fait vivre pourra-t-elle même continuer à fonctionner? Questions auxquelles les disciples de Karl Marx seraient fort embarrassés de répondre.

La perplexité redouble lorsque de la fondation de la société nouvelle, on passe à son fonctionnement. De l'avis général ce sera l'avènement des travaux forcés pour la nation tout entière, l'embrigadement complet, la suppression de la plus petite parcelle de liberté. Le moindre marchand de salade sera sous le contrôle de l'autorité. La hiérarchie régnera en souveraine maîtresse et les prisons devront être fortement agrandies pour loger tous les récalcitrants qui se refuseront à jouer leur partie dans l'harmonie générale.

Menger, qui d'ailleurs est un socialiste communal et par conséquent un collectiviste très édulcoré, établit : 1° que tout individu valide est obligé au travail sur l'ordre de l'autorité publique sous peine de châtiments disciplinaires ; 2° que cet individu doit appartenir au groupe professionnel qu'on lui désigne et pas à un autre ; 3° que nul ne peut passer d'une commune à une autre sans le consentement des autorités communales intéressées.

Heureux système qui présente un agréable mélange de la caserne et du bagne et qui donnerait lieu dans son application à des scènes réjouissantes. Voit-on quelque jeune élégant sommé de piocher la terre comme il a balayé la chambrée à la caserne ?

On ne peut pas obliger les gens à travailler contre leur volonté ; c'est un fait incontestable. On a grand'peine à faire travailler les forçats (je crois même qu'on n'a pu y parvenir, malgré la cellule et les coups de bâton, puisque la Nouvelle-Calédonie n'a pas encore de routes), il est donc inutile de se nourrir de l'espoir qu'on fera travailler des gens qu'on aura dépossédés de leurs biens et qui se mettront à l'œuvre en rechignant. On ne peut demander un effort qu'à des hommes de bonne volonté, intéressés aux résultats, animés du désir de contribuer à l'œuvre dans la mesure de leurs forces.

Mais bien mieux, certains théoriciens du socialisme nous font entrevoir une véritable inquisition dans la vie privée. Non seulement le contrôle de l'Etat s'exercerait sur l'action de l'individu en tant que travailleur mais encore un pouvoir ombrageux examinerait soigneusement si l'individu en question n'a point économisé clandestinement quelques bons de travail pour les prêter à ses voisins à la petite semaine, si par des moyens artificieux il n'accroît pas d'une manière illicite le confort de son existence privée. Ce ne serait plus seulement la caserne tout court, ce serait la caserne de gendarmerie. Inutile de dire que s'il nous fallait envisager sérieusement de pareilles éventualités nous renoncerions immédiatement à nos idées, fussions-nous convaincus de leur exactitude, car jamais un peuple, surtout le peuple français n'acceptera l'ombre d'un tel despotisme. Défendre de telles idées c'est courir au-devant d'un insuccès certain.

En réalité le socialisme d'Etat sainement compris ne se conçoit, aussi bien dans son développement que dans son fonctionnement définitif qu'allié à la plus large liberté. Négligeons pour l'instant la manière dont il prendra place dans la société actuelle,

nous allons voir que dans son complet épanouisse-
ment la liberté ne lui est nullement incompatible.

Si nous analysons la liberté individuelle nous
constatons qu'elle se compose des libertés suivantes :
liberté d'action, liberté de parole, liberté d'écrire,
liberté de réunion, propriété individuelle. Or, en
quoi ces diverses libertés peuvent-elles être atteintes
par ce fait qu'un individu au lieu de fournir une
certaine somme de travail à un particulier ou à une
société anonyme la fournit à l'Etat. Il y a au contraire toutes raisons de croire que le travailleur-
citoyen pourra mieux défendre ses intérêts grâce à
son bulletin de vote que s'il se trouve en face d'un
tyranneau privé devant la volonté duquel il ne peut
que s'incliner.

Une fois son travail terminé, il est absolument
libre de ses actes; il peut faire ce que bon lui
semble, voter pour qui lui plaît; son rôle dans
l'administration économique ne doit nullement lier
ses opinions. Sa vie privée doit être mise à tout
jamais en dehors de son service. Ce n'est pas à dire
que l'administration ne pourra éliminer un individu
dont la vie privée causerait scandale mais tout
patron, toute collectivité, fût-elle anarchiste, agirait
de même.

Nous n'admettons pas que le fonctionnaire économique soit assimilé à un fonctionnaire politique. Son avancement doit être basé uniquement sur ses qualités professionnelles. Les habitudes qu'on a introduites dans l'administration actuelle sont détestables. Depuis le préfet jusqu'au dernier des cantonniers tous les fonctionnaires sont des agents électoraux qui, sous peine de destitution, doivent marcher au doigt et à l'œil, au profit des candidats gouvernementaux. De tels abus, un tel mépris du suffrage universel sont une menace pour le véritable socialisme d'Etat qui deviendrait un instrument de tyrannie au cas où un parti politique aux idées sectaires viendrait au pouvoir. Sans doute, la tyrannie des majorités a toujours existé, elle est surtout redoutable dans les pays extrêmement neufs au point de vue parlementaire ; avec l'usage de la tribune, elle s'atténue beaucoup parce que les majorités doivent compter sur l'opinion publique et qu'en outre elles sont très instables de telle sorte que l'œuvre trop violente d'un parti peut s'écrouler en quelques jours à la suite d'un retour de la fortune ; il est juste aussi que les minorités s'inclinent devant la volonté des majorités quand les actes de celles-ci ne sont pas en contradiction avec la justice absolue ; mais cependant, des garanties sérieuses devront être données aux citoyens que l'Etat emploiera dans ses établissements. Pour cela, il faudra établir quelques principes qui seront au nouveau régime économique, ce que fut la déclaration des Droits de l'homme à la société présente. Les deux premiers articles pourraient être ainsi rédigés :

1° Le domaine économique est entièrement distinct du domaine politique. Leurs attributions étant entièrement différentes, leur séparation est complète tant au point de vue administratif qu'au point de vue financier ;

2° Nul fonctionnaire économique ne pourra être inquiété à cause de ses opinions politiques. Les tribunaux judiciaires seront seuls compétents pour statuer sur le respect de ce principe.

Dans ces conditions le travailleur de l'Etat serait aussi bien garanti que le travailleur privé qui est lui aussi à la merci des opinions politiques de son patron.

De plus on peut très bien admettre que le contrat collectif de travail subsistera comme par le passé et permettra de multiplier les garanties en faveur des fonctionnaires économiques.

Si l'on ne peut contester sérieusement la coexistence possible de la liberté d'action, de parole, de pensée, de réunion avec le socialisme d'Etat, on ne peut guère manifester de craintes plus vives pour la propriété individuelle. Pourquoi la future société la supprimerait-elle ? La propriété individuelle n'a d'importance que par rapport à la production ; elle doit disparaître en tant qu'elle est en contradiction avec l'organisation du travail, par l'accroissement indéfini du domaine économique de l'Etat. Mais en tant que richesse d'épargne elle doit continuer à subsister. En quoi cela peut-il gêner la collectivité que celui-ci économise sur son salaire pour s'acheter une maison de campagne ou des valeurs quelconques. Et quel puissant aiguillon de l'activité de l'homme on supprimerait en lui retirant la faculté de disposer d'un gain légitimement acquis.

Où se trouve alors l'attentat à la liberté? Est-ce dans l'obligation du travail imposée à tout le monde? La liberté sera de même respectée dans le recrutement du personnel. Les travailleurs entreront de leur plein gré dans l'administration et en sortiront de même. Nul ne pourra être contraint de travailler. Assez de gens réclament du travail auquel on ne peut en donner pour qu'on ne soit pas contraint de faire appel aux autres.

Mais, dira-t-on, si vous supposez que dans le plein développement du socialisme d'Etat, un individu puisse vivre en dehors de l'administration qui doit néanmoins englober théoriquement toute la production du pays c'est que non seulement vous conservez la propriété individuelle mais que vous admettez également que des entreprises privées subsistent à côté des établissements de l'Etat?

C'est bien en effet notre pensée et elle n'est pas en contradiction avec nos principes.

Nous l'avons affirmé au commencement de cet ouvrage. Le rôle de l'Etat doit être surtout de développer la production parce qu'en face des difficultés toujours croissantes de la vie économique, la fondation de nouvelles entreprises devient trop difficile pour donner un exutoire aux activités inemployées. Nous le répétons parce que beaucoup d'économistes semblent persuadés du contraire, il faut des capitaux considérables et des connaissances très étendues pour fonder et faire prospérer une affaire de moyenne grandeur. Tous les jours, et plus fréquemment que jamais, on voit s'effondrer quelqu'une de ces entreprises mal conçues ou insuffisamment soutenues. Par une fatalité singulière, à mesure que la complexité des affaires augmente, le nombre des industries que l'on se passe de père en fils diminue sans cesse. Cherchez sur les affiches des quartiers commerçants l'épithète : et fils. Vous ne la trouverez guère. Le fils du commerçant ou de l'industriel brigue les grandes écoles et non pas la modeste mais lucrative position qui avait enrichi ses pères. Et cependant c'étaient ceux-là qui succédaient à leurs parents qui connaissaient le mieux la partie à défendre. Elevés dans les affaires, bercés par le tumulte du magasin ils trouvaient presqu'instinctivement les meilleures solutions aux problèmes que présente quotidiennement la plus petite entreprise.

Maintenant que ceux-là s'en vont, il faut que nous fassions appel à ceux qui n'ont point d'argent et qui n'ont point de connaissances. Mais pour pouvoir les employer utilement il faut des cadres d'élite, solides et instruits, il faut de l'argent et c'est pourquoi nous nous adressons à l'Etat.

Il faut qu'il exploite nos colonies, qu'il fonde des usines, qu'il sème partout la fécondité et la vie.

Ce rappel du rôle essentiel de l'Etat qui constitue le fond de notre système démontre suffisamment que la liberté n'est pas notre ennemie.

En effet, pourquoi l'action de l'Etat et l'action de l'individu ne pourraient-elles point être connexes ? Pourquoi ne pourraient-elles concurremment poursuivre le but commun : la lutte contre la nature.

La tâche à accomplir est-elle si minime que ces deux sources d'énergie ne puissent s'y attaquer de deux côtés à la fois.

Sans doute nous sommes convaincus que l'une de ces deux sources finira par englober complètement l'autre. Mais c'est une limite géométrique dont on s'approchera indéfiniment sans pouvoir l'atteindre. Il faut donc admettre que pendant de longues années, toujours peut-être, capitaines d'industrie et artisans isolés lutteront contre la nature parallèlement à l'action de l'Etat. Pourquoi vouloir étouffer brutalement ces producteurs de richesses ; si leur action est inutile ou nuisible, l'Etat les éliminera par le simple jeu de la concurrence. Faire appel à la force serait de sa part un aveu d'infériorité. Libre donc à ceux qui le croiront possible de se jeter hors des sentiers battus pour combattre isolément; le monde est assez grand pour que chacun y trouve place. Ne voyons-nous pas le faible subsister à côté du fort? Ne voyons-nous pas, à mesure que la puissance des grandes entreprises s'accroît, les petites de même espèce se créer des champs d'activité que dédaignent leurs puissantes rivales.

Est-ce à dire que la prépondérance de l'Etat sur le domaine économique se produira sans heurts et sans froissements. Il ne peut en être ainsi et ce sont des maux auxquels il faut savoir se résigner. Mais en agissant avec tact on pourra atténuer ces crises dans la mesure du possible. Il faudra ne pas hésiter à se montrer généreux dans les rachats d'industries fléchissant sous les effets de la concurrence des établissements publics.

*
* *

Si notre libéralisme peut rassurer dans une certaine mesure les défenseurs du régime actuel, il sera attaqué par les partisans du collectivisme pur. Ceux-ci trouveront que nous laissons la part trop belle aux vieux préjugés. Ils réprouveront sans doute notre système décentralisateur à cause des inégalités qui en résulteront entre les régions et communes économiques. Il est évident, en effet, qu'avec les principes que nous avons exposés, toute collectivité doit conserver, le prélèvement de l'Etat pour l'amortissement des frais généraux une fois opéré, les bénéfices qu'elle a faits y compris ceux qui résultent des conditions particulières dans lesquelles elle se trouve, de la rente en un mot.

« Quoi, diront-ils, vous tolérez que les habitants d'une commune touchent de gros bénéfices tandis que ceux d'une autre pourront à peine vivre », A cela nous répondrons que les régions tendent vers une égalité de fait et que si cependant l'inégalité doit toujours subsister, au lieu de la considérer comme une injustice, il vaut mieux en faire une condition du progrès car les membres de la commune la moins favorisée s'efforceront par leur travail de suppléer à ce qui leur manque. Leur ingéniosité surexcitée finira peut-être par leur faire dépasser leurs rivaux. Nous ajouterons d'ailleurs que si une commune était tellement dépourvue de tout, que l'existence y soit impossible, il y aurait devoir de solidarité pour le pouvoir central et les autres communes à lui venir en aide.

Il faut aussi remarquer que l'inégalité est parfois apparente. Tel ouvrier qui gagne deux francs de moins que celui d'une autre ville gagne plus en réalité parce que là où il habite la vie est moins chère. D'autre part, une fois que l'existence est largement assurée à chacun, ce qui est l'essentiel, qu'importe que quelques inégalités subsistent.

Mais la raison suffisante que nous pouvons opposer aux constructeurs de systèmes trop abstraits c'est que de deux maux il faut choisir le moindre et qu'il vaut mieux se contenter d'une faible inégalité que d'attendre indéfiniment une égalité parfaite.

Victimes de leurs idées trop absolues, les collectivistes purs en sont réduits à faire reposer le fonctionnement de leur société idéale sur le dévouement de chacun à la collectivité. Il est permis de se montrer sceptique à l'égard d'espérances d'un optimisme aussi robuste.

Nous sommes obligés de constater que l'intérêt a été depuis la création du monde le plus puissant facteur de l'humanité et on peut supposer que de longtemps il en sera de même. Tablons sur la réalité et lorsque le gros de la besogne sera terminé, nous aurons le temps de chercher les imperfections qui subsisteront encore pour les détruire et compléter ainsi l'harmonie de l'ouvrage.

CHAPITRE VII

Les pouvoirs secondaires dans leurs rapports avec le pouvoir central

Nous avons divisé la production nationale dans l'Etat socialiste en trois grandes branches. 1° Celle qui dépend du pouvoir central; 2° celle qui dépend des pouvoirs secondaires; 3° celle qui dépend des deux à la fois.

Il est facile de concevoir l'Etat, un département ou une commune agissant comme patrons. Nous en avons sous les yeux des exemples et nous ne voyons à cela aucune impossibilité radicale. Sans doute, il y a beaucoup de réformes à introduire dans le fonctionnement des services publics. Nous avons signalé les deux principales : la suppression du favoritisme et l'association des fonctionnaires aux bénéfices de l'entreprise, réformes qui permettraient d'avoir un personnel excellent et dévoué. Mais en tous cas, nul ne trouve extraordinaire que l'Etat, le département et la commune dirigent des entreprises comme le feraient de simples particuliers.

Au contraire, on s'étonnera de voir l'Etat et les pouvoirs secondaires s'unir pour exploiter une branche de la production. Cette union entraîne forcément des complications qu'il est difficile de dénouer. Quelles sont les raisons qui la rendent nécessaire.

La concentration du travail présente parfois plus d'inconvénients que d'avantages. On a particulièrement remarqué ce fait dans les exploitations agricoles où la division du travail et le machinisme ont eu bien moins d'influence que dans l'industrie.

« Les opérations agricoles, dit M. Bourguin (1), subordonnées au procès naturel de la production organique, ont un caractère discontinu et alternatif ; elles sont dispersées dans l'espace ; elles s'appliquent à des productions complémentaires les unes des autres. Pour ces différentes raisons, l'agriculture ne comporte en général, ni spécialisation des entreprises dans un seul genre de production, ni division du travail par affectation du travailleur à un genre de travail unique. Pour les mêmes raisons, le petit moteur mobile est seul utilisable en agriculture, et ne peut fonctionner que par intermittence ; aussi le moteur mécanique n'a-t-il pas toujours une rentabilité supérieure à celle des animaux de travail dont les emplois sont multiples ; l'usage de la charrue à vapeur en particulier, se restreint aux labours pro-

(1) *Les systèmes socialistes.*

fonds sur des sols durs et non accidentés et ne s'est pas généralisé. Les machines les plus usuelles sont celles qui, comme les semoirs, les moissonneuses et les batteuses mécaniques, régularisent ou accélèrent les opérations agricoles ; celles-là sont utilisées par le petit cultivateur lui-même, qui recourt à un entrepreneur ambulant ou à son propre syndicat lorsqu'elles sont trop importantes pour une petite exploitation. D'ailleurs, le progrès agricole dépend bien moins de l'application du machinisme à la culture que de l'amélioration du sol, des plantes et des animaux par des procédés physiques et chimiques».

Dans ces conditions, si l'État voulait arriver à concentrer l'agriculture comme l'industrie métallurgique il aboutirait à un échec complet. Les frais administratifs que nécessiterait cette concentration absorberaient non seulement les bénéfices, mais encore les fonds de réserve. La tâche de l'administration serait véritablement surhumaine et en supposant qu'elle l'accomplisse, ce serait du travail bien inutilement dépensé.

Est-ce à dire qu'il faille renoncer complètement à l'organisation des exploitations de ce genre. Nullement. L'accommodation de la production à la consommation est indispensable là comme partout ailleurs. C'est envisager la question sous un faux aspect que de discuter à perte de vue les mérites respectifs de la grande et de la petite culture. Il ne

s'agit pas de savoir seulement comment on produira
mais aussi comment on vendra. Or, si les syndicats
agricoles d'achat ont donné de brillants résultats en
procurant aux petits propriétaires agglomérés les
mêmes moyens d'action qu'aux grands, les syndicats de vente ont échoué à peu près partout. Si, par
conséquent, l'Etat doit continuer son rôle de régulateur, il ne doit pas pour cela devenir producteur
lui-même. Il fait appel aux pouvoirs régionaux en
distribuant à chacun d'eux sa besogne ; s'ils le veulent, ceux-ci peuvent à leur tour la répartir entre
les pouvoirs locaux ; les uns et les autres organisent
le travail de la manière la plus pratique. La répartition a lieu chaque année.

Mais l'application de ce principe très simple soulève des difficultés ; il faut déterminer les rapports
des pouvoirs de manière à éviter ou à résoudre
promptement les conflits qui surgiront entre eux.

a) Qui va se charger de chercher des débouchés
aux produits ? Cette question est à notre époque
d'une importance capitale, nous voyons les Etats
même sous le régime du laisser-faire s'inquiéter de
trouver des pays neufs où pourra s'écouler le trop-
plein de la production nationale. Les pouvoirs
secondaires étant les premiers intéressés à ce que
leurs marchandises trouvent leur placement, auront
toute initiative pour se créer des débouchés nouveaux. Ils pourront fonder des magasins de vente

partout où ils le jugeront avantageux. Dès qu'ils justifieront de débouchés suffisants, au moyen de documents irréfutables, le pouvoir central devra les laisser augmenter leur production dans la même proportion. Les régions pourront même unir leurs efforts; ainsi, plusieurs départements prendront des magasins à frais communs; le pouvoir central de son côté devra multiplier ses efforts pour ouvrir le marché international aux produits du pays. Mais, si les stocks commandés par l'Etat restent invendus ou bien au contraire ne peuvent être constitués, quel est le budget qui en supportera les conséquences ? Nous examinerons ce cas un peu plus loin.

b) Une question dont l'importance est plus théorique que pratique est celle des fraudes. On peut supposer qu'une région, sous prétexte de pourvoir à sa consommation propre, produirait en quantité supérieure à celle déterminée par le pouvoir central, des denrées dont la vente clandestine fausserait la balance de la production et de la consommation. On retomberait ainsi par une voie détournée dans les crises de surproduction

Cette hypothèse ne résiste pas à l'examen.

Les pouvoirs secondaires hésiteront à se compromettre dans des opérations louches qui entraîneraient pour eux de graves responsabilités. Des sanctions pénales pourraient même être instituées. De plus la fraude serait rendue particulièrement difficile par ce fait que la production imposée à un département serait calculée de manière à ce que toutes ses ressources soient employées. Comment pourrait-il alors produire un supplément de marchandises pour une exportation clandestine. Il ne faut pas oublier enfin la surveillance des régions rivales.

c) Les deux difficultés précédentes se ramènent au fond à la fixation de la production par le pouvoir central. Beaucoup de personnes trouveront cette faculté exorbitante. « Vous aboutirez, dira-t-on, au dilemme suivant. Ou bien vous allez instituer la plus odieuse tyrannie en contraignant des régions à prendre des mesures désastreuses pour leur prospérité, telles que la suppression d'une usine ou d'une culture (et cette décision redoutable sera gaillardement prise par quelque bureaucrate irresponsable), ou bien vous céderez perpétuellement : tantôt il vous faudra payer des indemnités pour les stocks invendus dont vous aurez ordonné la formation, tantôt il vous faudra abandonner purement et simplement vos prétentions, ce qui sera la destruction de votre autorité économique.

Devant une telle objection un collectiviste pur n'hésiterait pas. Il affirmerait que l'autorité de l'État doit triompher partout et toujours et que les protestations locales devront être tenues pour nulles et non avenues. Les régions maltraitées, devront savoir *souffrir et se taire sans murmurer.*

Pour nous qui avons un vieux levain de libéralisme et qui estimons qu'il n'y a qu'à regarder dans nôtre système administratif pour trouver des solutions de cas analogues, nous n'estimons point que le pouvoir central doive être considéré comme infaillible, mais nous ne voulons pas non plus qu'on lui fasse supporter la responsabilité de variations économiques qui sont des cas de force majeure.

Voici le procédé que nous préconisons.

La production d'un département devra en principe être fixée après entente préalable entre le pouvoir central et le pouvoir régional. Les délégués de l'un et de l'autre se réuniront et discuteront leurs raisons. Il est probable que l'entente se fera aisément si des deux côtés on apporte des chiffres exacts et si on est de bonne foi ; mais dans le cas contraire, interviendra un pouvoir indépendant, un pouvoir judiciaire d'un caractère particulier qui jugera le différend avec une autorité souveraine.

Cette idée pourrait sembler singulière si nous n'avions pas déjà le Conseil d'État et surtout la Cour des Comptes dont tout le monde trouve l'existence parfaitement rationnelle et indispensable.

En octroyant à ce tribunal économique le prestige et les garanties dont jouissent les deux grandes institutions dont nous venons de parler, on lui donnera une autorité devant laquelle les pouvoirs en conflit s'inclineront de bonne grâce. Par lui, on évitera des pourparlers et des conflits interminables et la machine économique pourra fonctionner sans à-coups. L'harmonie régnera dans l'administration économique comme dans l'administration politique. Nulle part, on ne peut arriver à la suppression complète des éléments de trouble et de discorde ; il faut que le glaive de la justice intervienne, brutalement parfois, pour trancher des différends qui rendraient impossible l'existence sociale. Sans doute, le pouvoir judiciaire comme toutes les choses humaines n'est pas infaillible, mais quel homme de bon sens songerait à sa suppression ? Ne vaut-il pas mieux préférer une mauvaise solution à une interminable querelle ?

On ne peut opposer à la création de ce tribunal la gravité des arrêts qu'il rendra. Les intérêts en jeu ne seront pas plus graves que ceux qui se discutent journellement devant les tribunaux civils ou administratifs et qui se chiffrent quelquefois par millions.

Reste à déterminer la nature et la composition de ce pouvoir judiciaire.

Ce sera un tribunal administratif. Nous repoussons l'intervention des tribunaux de commerce pour les raisons qui servent à repousser l'intervention des tribunaux civils dans l'ordre administratif : nécessité d'agir promptement, impossibilité d'assimiler un acte de la puissance publique, un acte d'autorité à une obligation civile.

Quant à sa composition, il est impossible d'en donner le détail ; des explications trop précises sur des institutions indéfiniment perfectibles sont toujours erronées. Nous pouvons affirmer cependant qu'il y aura lieu d'y placer, à côté de magistrats spéciaux, quelques sommités du monde économique. Enfin les décisions devant nécessairement être promptes, la division en sections nous semble indiquée.

Pourquoi ces idées seraient-elles irréalisables ; ne voyons-nous pas les conseils supérieurs des cartels et des trusts décider souverainement quelle sera la production de chaque établissement affilié. N'avons-nous pas vu Morgan faire cesser en vingt-quatre heures une grève que le président Roosevelt avait renoncé à terminer par sa seule autorité ?

Ces projets qui laissent nos esprits hésitants et inquiets sembleront peut-être très logiques à nos descendants et ils ne comprendront pas qu'on ait si longtemps tardé à les mettre à exécution.

CHAPITRE VIII

Composition des pouvoirs. — Recrutement du personnel

Nous n'insisterons pas outre mesure sur la composition des pouvoirs dont nous avons parlé au cours de ces pages. C'est encore une de ces choses qu'il faut abandonner à la pratique et qu'il est puéril de décrire minutieusement sans avoir de données précises.

Nous nous bornerons à quelques observations générales. Toute organisation administrative logiquement conçue doit présenter les caractères suivants. *a*) Les différents éléments de l'administration doivent être établis sur un modèle uniforme ; *b*) il faut toujours distinguer le pouvoir qui décide de celui qui exécute. Le premier est généralement un conseil, le second une individualité.

L'administration économique se conformera à cette double règle. Les pouvoirs secondaires seront uniformes quant à leur organisation et à leurs attributions mais non pas naturellement quant au nombre de leurs membres qui variera avec celui des habitants du département ou de la commune. Ils comporteront la séparation des pouvoirs délibérant et exécutif.

Le pouvoir exécutif doit être énergique, agir avec rapidité et surveiller de près l'exécution de ses ordres. Il doit être suffisamment stable pour que la ligne de conduite des affaires ne soit point continuellement changée. Ces conditions sont difficiles à réaliser si l'on ne veut pas trop diminuer les droits des conseils.

Voici les solutions qu'on pourrait admettre.

En ce qui concerne le pouvoir central il n'y a pas de difficultés particulières. Le ou les ministres chargés de diriger la production sont sous le contrôle direct du Parlement. Ils sont éclairés par des conseils techniques aux décisions desquels ils ne peuvent passer outre quand des intérêts particulièrement graves sont en jeu.

Le Parlement ne peut renverser le ministère de la production que par un vote formel et motivé ; les crises ministérielles ordinaires ne peuvent l'atteindre. En outre le ministre est pécuniairement responsable en cas de faute lourde de sa part.

Le pouvoir régional doit être composé avec un soin tout particulier car le département est, croyons-nous, appelé à devenir, de préférence à la commune, l'unité économique de production, en groupant tous les intérêts locaux et en répartissant la production entre les diverses communes.

On sait qu'actuellement c'est le préfet, représentant le pouvoir central qui joue dans le département le rôle de pouvoir exécutif. Dans l'administration économique, ces deux fonctions devront être séparées. Le représentant du pouvoir central contrôlera le fonctionnement de la production dans le département mais n'interviendra effectivement qu'au cas où le désordre de l'administration régionale et les plaintes de l'opinion réclameraient son action pour la sauvegarde d'intérêts manifestement en péril. L'exécution des décisions du conseil formant le pouvoir délibérant sera confiée à un personnage spécial choisi par lui et qui ne sera responsable que devant lui. Le pouvoir central pourra attaquer sa manière d'agir et ses actes mais ne pourra le remplacer d'office. Il sera élu par le conseil pour une durée fixe et par conséquent ne pourra être renversé avant l'expiration de son mandat que par décision conforme du pouvoir central et du conseil. De cette façon ce dernier choisira avec soin celui à qui il confiera l'exécution de ses délibérations et la nomination aux emplois régionaux.

Le pouvoir délibérant sera constitué par un pendant du Conseil général. Mais ce Conseil général économique différera sur deux points de son modèle administratif.

a) Son initiative sera beaucoup plus grande puisqu'elle n'aura pour limite que l'intérêt général ; il prendra les décisions qui lui paraîtront les meilleures en se bornant à en donner communication au représentant du pouvoir central.

b) Le nombre des membres sera plus restreint, ce qui rendra les débats moins longs et moins confus.

Le Conseil sera élu au suffrage universel par les membres du groupement économique. Il déterminera lui-même l'époque et la durée de ses sessions. Peut-être donnera-t-on également un pendant à la commission départementale.

La commune sera organisée suivant les mêmes principes avec les modifications que rend nécessaires son rôle plus modeste.

La loi devra exiger de la part des éligibles et des électeurs certaines conditions de capacité par exemple un stage plus ou moins long dans l'administration et même pour les éligibles un certain grade ; il faut que les pouvoirs soient composés d'hommes de haute valeur ayant conscience de leurs responsabilités et possédant les connaissances nécessaires.

D'ailleurs, là comme partout, l'intérêt sera le grand aiguillon du progrès. Sur le domaine politique, l'électeur est négligent parce que son intérêt ne lui apparaît pas toujours nettement ; il vote parfois sans réfléchir ou s'abstient ; et il s'étonne ensuite de voir un danseur à la place du calculateur nécessaire. Mais lorsque ce même électeur saura que le métier qui le fait vivre et ses économies peut-être, dépendent de son bulletin de vote, il choisira des hommes dont il jugera l'habileté à coup sûr d'après les chiffres des bilans. Pour l'éclairer davantage la plus large publicité sera donnée aux opérations effectuées par les différents pouvoirs ; opération qui devront être conformes aux règlements de comptabilité édictés par le pouvoir central.

*
* *

Nous avons dit que seuls seraient électeurs les membres de l'administration économique. Nous ne voyons pas en effet pourquoi des citoyens étrangers au fonctionnement des établissements économiques voudraient intervenir dans le choix de pouvoirs auxquels ils ne se soumettent pas.

Ici nous prévoyons une objection inévitable. On attaquera un système qui consiste somme toute à faire nommer la direction par les subordonnés, procédé dangereux s'il en fût. La direction étant forcément intimidée par la crainte de ne pas être réélue, prendra des mesures imprudentes pour conserver sa popularité.

L'objection a de la force et c'est pourquoi nous considérons la région comme devant jouer le rôle capital dans la production. En effet, les branches de production étant nombreuses et les électeurs ayant en conséquence des intérêts différents, la direction est bien moins à leur merci que si elle se trouve en face d'individus ayant un but commun. C'est encore pour cette raison que nous mettons les industries centralisées sous le contrôle direct du pouvoir central.

Enfin la principale garantie de sûreté doit reposer dans le bon recrutement du personnel. Loin d'embrigader les gens de force, il faudra faire une sélection rigoureuse et ne prendre que les hommes qui présenteront toutes les garanties d'intelligence, de travail et d'honnêteté. Puisque à l'heure actuelle, le nombre des candidats est infiniment supérieur à celui des places, surtout dans les carrières gouvernementales où la proportion atteint parfois des chiffres fabuleux, pendant longtemps (souvenons-nous que l'avènement du socialisme doit se faire progressivement), l'État pourra ne prendre que des sujets d'élite. Il faut qu'il en soit ainsi et que les recommandations n'introduisent pas des nullités dans l'administration. Il faut que le gouvernement ait le courage d'écarter les sollicitations et les menaces des partis ; une tâche de cette sorte est si difficile, que nous nous demandons si un dictateur n'est pas nécessaire dans les débuts du régime socialiste. Cependant agir autrement c'est se vouer fatalement à l'insuccès.

Il faut que le personnel soit aussi peu nombreux que possible et qu'il soit soumis à une stricte discipline. Si l'on doit voir dans les groupements économiques, les faits scandaleux qui se sont récemment passés dans les arsenaux, autant ne pas commencer l'exécution de nos projets.

Avec le système de surenchère électorale et de sollicitations éhontées qui est de mise actuellement, à cette heure où l'on voit les membres du Parlement transformés en commis de leurs électeurs encombrer les antichambres ministérielles, des théories comme les nôtres semblent des utopies. Mais c'est justement parce que nous avons confiance dans nos idées que nous ne voulons pas qu'une mauvaise application en arrête le développement.

En principe, c'est par la voie du concours que l'on entrera dans l'administration quel que soit le poste que l'on veuille y occuper. C'est également par le concours qu'aura lieu l'avancement dans certains cas.

Nous avons dit que le meilleur moyen de surexciter le zèle des fonctionnaires était de les associer aux bénéfices. Il ne saurait être question de prendre cette assertion à la lettre et d'associer aux bénéfices les moindres travailleurs. On aboutirait le plus sou-

vent à des complications inutiles et à des mécon-
tentements inévitables quand, par suite d'une année
moins bonne, le dividende diminuerait. D'après les
expériences tentées jusqu'à ce jour, les économistes
sont d'avis qu'il y a lieu d'intéresser seulement les
chefs de file : directeurs, sous-directeurs, chefs de
bureau et d'atelier, en augmentant seulement dans
la mesure du possible les salaires. L'expérience établira ce qu'il en est réellement.

Gros appointements, gros salaires, retraites pro-
portionnelles, l'État ne doit pas hésiter, une fois
l'amortissement des frais généraux prélevé, à les
distribuer. Il agit ainsi conformément à la justice
absolue puisque le travail reçoit le bénéfice qui
rémunérait autrefois le capital et d'autre part, c'est
le meilleur moyen de réussir puisque le personnel,
depuis le ministre qui comme les autres aura son
tant pour cent, jusqu'au dernier homme de peine,
sera tout le premier intéressé au succès.

On développera l'initiative de tous les membres
de l'administration même les plus modestes. Toute
proposition intéressante devra être favorablement
accueillie et le sera puisque tous en profiteront. Les
inventions seront obligatoirement examinées par
des commissions spéciales. Les chercheurs trouveront plus d'appuis dans l'État socialiste qu'actuellement ; partout, sauf en Allemagne, ils sont difficilement accueillis par le commerçant ou l'indus-

triel qui n'aiment guère encourager la science pure.

Nous voudrions également, mais ceci n'est pas tout à fait dans le cadre de notre sujet qu'on inculquât à ces jeunes gens qui prendraient place dans les groupements économiques, le respect et l'excellence du travail manuel. Par exemple, un employé ayant une journée de huit heures, en ferait cinq de travail intellectuel et trois de travail manuel. Ce serait excellent pour sa santé et la variété des travaux lui permettrait d'effectuer une somme de travail absolu de beaucoup supérieure à celle qu'il fournirait avec les méthodes actuelles. Il faut tous les vieux préjugés dont nous sommes entourés pour s'étonner de pareilles idées. Spinoza était tailleur de diamants ; en Amérique, des étudiants gagnent leur vie à l'aide de métiers tels que celui de garçon d'ascenseur. Du reste, quoi qu'on dise ou qu'on fasse, il arrivera un moment où par suite du développement de l'instruction, les intellectuels travailleront manuellement. Autant commencer le plus tôt possible ; cela complètera leur instruction ; un travail de bureau est souvent plus machinal qu'un travail physique.

Il serait aussi à désirer que l'ouvrier de l'usine devint pendant quelques semaines par an, pendant les mortes-saisons ouvrier agricole. Cela ne pourrait que le reposer et lui élargir les idées. Quittant la tristesse de l'atelier, il oublierait pendant quelques jours son existence monotone sans cesser pour cela d'être utile, et reviendrait ensuite au travail avec plus de santé et de courage.

CHAPITRE IX

La véritable révolution sociale

Il nous reste maintenant à examiner la manière dont on pourra ébaucher (nous ne disons pas réaliser), l'organisation du travail dont nous avons tracé le plan.

C'est le point le plus faible de tous les systèmes socialistes ; leurs auteurs se renferment dans un silence prudent ou se perdent dans de vagues déclamations qui finiront par semer le découragement chez leurs plus fidèles partisans.

Jusqu'à ces derniers temps, la Révolution sociale dont on invoquait lyriquement l'avènement, était encore le remède vigoureux qui devait ramener l'âge d'or sur la terre. Cette corde est légèrement usée ; on commence à s'apercevoir que du désordre ne peut naître l'ordre. Les tentatives de ce genre que nous avons supportées ont eu pour conséquences l'incendie de quelques palais nationaux et la perte de richesses dont tout le monde profitait. Ce résultat malencontreux a paru dégoûter des moyens violents beaucoup de réformateurs. On a continué à invoquer la Révolution sociale mais sans conviction. Et les pontifes du collectivisme pur eux-mêmes n'ont plus l'air d'y croire.

Cependant une révolution, pacifique celle-là, s'accomplissait. Le parti socialiste devenait une puissance et cette puissance s'affermissait de jour en jour. Hélas ses théories n'en devenaient pas plus précises. A l'heure actuelle on se demande avec anxiété ce qu'il arriverait si le parti socialiste s'emparait du pouvoir. Il est probable qu'il n'arriverait rien du tout. Les ministres socialistes deviendraient instantanément conservateurs et les choses continueraient comme par le passé.

On ne peut changer une société de fond en comble du jour au lendemain. Elle se tient en équilibre parce qu'elle est cimentée par une multitude d'intérêts entrecroisés et qu'on ne peut impunément froisser. C'est donc avec lenteur que doit s'opérer toute transformation sociale.

Cela est si vrai qu'en Allemagne où règne le Marxisme qui attend ladite transformation d'un cataclysme sur la nature duquel plane un nuage impénétrable, le parti socialiste qui compte 3.000.000 d'adhérents et possède des fonds importants, donne le spectacle d'une impuissance lamentable et qui

serait comique s'il n'était douloureux de voir une
grande force inemployée. Dans leur attente sereine
de la Révolution, les socialistes allemands iraient,
disent-ils, jusqu'à repousser le pouvoir politique
s'il leur était offert. Excellent moyen de ne pas se
compromettre !

Les socialistes français plus pratique n'ont pas
montré une telle rigidité de principes. Mais leur
action politique s'est surtout signalée par leur intervention sur des domaines où l'économie politique
ne jouait qu'un rôle effacé. La séparation de l'Église
et de l'État, la diffusion des doctrines antimilitaristes
n'ont qu'un rapport très vague avec l'organisation
du travail. Il serait temps cependant d'aboutir à
des solutions moins brillantes peut-être et moins
tapageuses que le renversement de la société mais
qui auraient au moins le mérite de produire des
résultats tangibles.

Si l'on veut agir logiquement une expérience s'impose. Il faut se rendre compte si l'État est capable
de devenir commerçant, industriel, agriculteur; on
ne le saura qu'à la condition d'essayer. Toutes les
discussions théoriques ne prévaudront point contre
une expérience tentée dans les meilleures conditions
possibles.

Tous les exemples que l'on donne actuellement
sont insuffisants. Depuis le fameux réseau de l'État,
qui a fait couler plus de tonnes d'encre qu'il n'a

transporté de voyageurs, jusqu'aux fabriques d'allu-
mettes, toutes ces entreprises ne prouvent rien parce
qu'elles répondent à des buts trop spéciaux ou parce
qu'on emploie pour les administrer des procédés
défectueux.

Il faut donc que l'État se constitue un domaine
économique important et qu'il l'exploite de son
mieux ; on vérifiera ensuite les résultats et après
complète réussite, on pourra opérer sur une grande
échelle.

Si le parti socialiste veut de bonne foi tenter quelque chose qu'il réclame cette expérience et qu'il
veille à ce qu'elle ait lieu entourée de toutes les
garanties désirables. En agissant ainsi il rendra un
grand service à l'humanité en supprimant définiti-
vement une controverse irritante et stérile.

Mais beaucoup de socialistes ne sont que faible-
ment convaincus de la possibilité pour l'Etat de
prendre en main la production. Leur esprit est
dominé par le souvenir de la faillite des ateliers
nationaux en 1848 comme si ces ateliers créés dans
des conditions déplorables, remplis d'un personnel
hétéroclite et employés à des ouvrages inutiles pouvaient constituer un sérieux argument contre les
futures tentatives de ce genre.

Les chefs socialistes auront-ils surtout le désinté-
ressement d'entamer loyalement une campagne dont
le succès risquerait de les couvrir d'impopularité et

de les obliger à partir en guerre contre leurs soldats de la veille ?

Les ateliers nationaux soulèveront contre le gouvernement et le parti qui les soutiendront une tempête formidable. Tous les producteurs menacés par la concurrence de l'Etat protesteront furieusement sans réfléchir s'ils ne peuvent tirer un bon parti du nouvel état de choses.

Déjà de semblables protestations se produisent à propos du travail des prisons. A chaque instant s'élèvent des plaintes sur la concurrence que les prisonniers font à l'industrie privée. On sait que la République de 1848 n'avait rien trouvé de mieux que de voter la destruction des objets fabriqués dans les prisons. Aujourd'hui on se borne à employer les condamnés à des travaux insignifiants. On gaspille des forces précieuses sur les injonctions d'esprits étroits qui perdent de vue leur intérêt véritable pour s'arrêter aux seules apparences.

Quel est le résultat de cette conduite paradoxale ? Le budget est grevé de deux côtés à la fois. D'un côté par l'entretien des prisonniers (et l'on sait combien ils coûtent, de quoi entretenir des centaines d'honnêtes familles) et d'un autre par le paiement de légions d'ouvriers pour des travaux de terrassements et de voirie auxquels on pourrait parfaitement employer tous ces coquins qui s'engraissent dans les prisons aux dépens du contribuable. Si des idées aussi simples et aussi logiques rencontrent des adversaires acharnés, que sera-ce lorsque se développeront dans toutes les branches de la production nationale des établissements puissants, pourvus de gros capitaux, savamment administrés et dirigés qui élimineront peu à peu leurs rivaux individualistes. On peut imaginer les clameurs et les protestations qui retentiront en dépit de la prudence montrée par les pouvoirs publics.

Les socialistes ont compris le péril et semblent résolus à ne pas s'embarquer dans une telle galère. Ils se bornent à réclamer à grand fracas le rachat des chemins de fer qui jouissent d'un monopole de fait et dont la reprise ne peut guère que mécontenter les actionnaires ; mais ces réclamations elles-mêmes sont d'autant plus bruyantes qu'elles ont moins de chances d'être écoutées. Il est à souhaiter d'ailleurs que pour ses débuts sur le domaine économique, l'Etat ne s'occupe pas d'affaires aussi complexes. Il a son apprentissage à faire auparavant car de pareilles écoles seraient trop coûteuses.

Puisque les partis avancés hésitent c'est à l'opinion de parler ; le public doit exiger que cette question soit vidée ; ou bien les idées socialistes sont justes et il faut en faire l'application malgré toutes les protestations qui s'élèveront, ou bien ce sont des utopies et ceux qui continueront à les défendre passeront au rang des charlatans.

Quelques millions sont nécessaires ; l'Etat les trouvera facilement ; d'ailleurs ils ne sont pas engagés sans espoir de retour, le terrain et le matériel constituant de sérieuses garanties. Il faut surtout des hommes ; la France les donnera, elle a répandu son sang et son or pour des causes qui ne valaient pas celle-là.

En quoi consistera l'expérience ?

Pour que l'on soit véritablement fixé, il faut que l'Etat aborde simultanément les trois branches de l'activité humaine : agriculture, industrie, commerce. Dans chacune d'elles, il achètera ou fondera plusieurs entreprises dont la gestion par des fonctionnaires intéressés aux bénéfices démontrera la possibilité pour lui de jouer le rôle de patron. Nous croyons que cette première épreuve n'offre pas de difficultés spéciales. On pourra même obtenir de très beaux résultats si les capitaux alloués aux exploitations et les appointements des fonctionnaires sont suffisants.

La situation deviendra plus difficile lorsqu'il s'agira de grouper les établissements devenus suffisamment nombreux et de constituer les circonscriptions économiques. On peut diviser en trois périodes la formation du domaine.

Première période. — On opère le groupement des entreprises qui ont jusqu'alors fonctionné isolément sous le seul contrôle de l'administration centrale;

Les circonscriptions économiques ne coïncideront avec les inscriptions administratives qu'autant que les circonstances le permettront. Cette première période pourra se prolonger longtemps car il faut que non seulement les établissements soient assez nombreux mais encore qu'ils aient des intérêts communs. Les pouvoirs secondaires seront nommés par le pouvoir central.

Deuxième période. — L'autonomie financière est donnée aux régions et aux communes. C'est par là que commence toute décentralisation ; c'est seulement lorsque le mécanisme financier fonctionne parfaitement et a fait ses preuves qu'on peut en confier la surveillance à des pouvoirs élus.

Troisième période. — Les pouvoirs secondaires sont élus. Ils pourront d'abord être choisis par le pouvoir central sur une liste élue ou inversement élus par le suffrage universel sur une liste présentée par le pouvoir central, avant qu'on ne fasse appel sans restriction au suffrage universel. On adoptera ou on supprimera cette gradation suivant la maturité d'esprit que montreront les électeurs. Lorsqu'une ou deux circonscriptions économiques fonctionneront avec un plein succès, l'Etat pourra inscrire au budget des annuités régulières pour l'accroissement indéfini du domaine économique. C'est en cela que consistera la véritable révolution sociale.

La véritable révolution sociale c'est le retour à la collectivité de toutes les sources de la production au moyen d'acquisitions à titre onéreux ou à titre gratuit. Nous ne voulons pas de spoliations légales; l'Etat ne doit mettre la force qu'au service du droit.

Sans doute, avant que ce domaine n'englobe l'entière production du pays, il s'écoulera une période de temps considérable mais ne vaut-il pas mieux commencer immédiatement la besogne que d'attendre éternellement la solution idéale? Mettons-nous donc à l'ouvrage; chaque nouvelle source de production créée par l'Etat sera toujours une victoire de plus remportée sur l'ennemi, c'est-à-dire sur le désordre et la stérilité.

D'ailleurs, un double fait nous encourage.

C'est d'abord l'accroissement des biens de main-morte dont la rapidité a toujours vivement inquiété tous les gouvernements. On sait que le patrimoine d'une association étant presque entièrement à l'abri des fluctuations qui affectent la fortune des indivi-dus, ne diminue jamais et ne peut que s'accroître s'il est bien géré.

C'est ensuite la rapidité vraiment prodigieuse avec laquelle les trusts américains ont étendu leur réseau sur la surface des Etats-Unis; ils répondaient donc à une nécessité et si les producteurs se sont groupés autour de quelques-uns d'entre eux, ce n'est pas seulement par l'effet de leurs menaces mais parce qu'ils savaient retirer du profit de cette union.

Or, l'Etat socialiste est l'association, le trust par excellence. Son patrimoine comme celui de l'association ne pourra que s'accroître et si le succès de ses entreprises s'affirme, il englobera comme le font les trusts un nombre toujours plus considérable d'adhérents qui préféreront s'affilier à leur puissant rival qu'entamer contre lui une lutte stérile. Ce sont ces accords judicieusement conclus qui adouciront le malaise résultant de la concurrence de l'Etat. Malaise passager du reste. Qui se souvient maintenant de la crise amenée dans les industries de transport par l'invention des chemins de fer? Personne. Elle fut cependant terrible pour les industriels menacés.

N'oublions pas en outre que quand on énumère la fortune d'un pays, on fait entrer en ligne de comptes des propriétés, comme les maisons d'habitation par exemple, que l'Etat n'a qu'un intérêt très secondaire à s'approprier.

Mettons-nous donc à l'ouvrage car l'histoire nous prouve que les plus grandes transformations, même celles qui paraissaient les plus soudaines ont été lentement élaborées par les siècles. Nulle part le progrès n'a surgi sous le coup de baguette d'une fée. Il a été la récompense du travail des générations.

Ne nous laissons pas décourager par ceux qui répètent que la tâche est immense, les difficultés toujours renaissantes et le profit bien incertain ; il sera temps de penser aux difficultés au fur et à mesure qu'elles se présenteront.

CONCLUSION

On nous reprochera d'avoir dans ces quelques
pages uniquement opéré par déduction. Mais si les
prémisses sont exactes, la conclusion doit l'être
aussi. Notre point de départ est un fait incontestable : l'Etat est une force. Il serait absurde d'affirmer
que cette force diminue d'après la nature de son
point d'application. Dites que son travail utile varie
parce qu'elle est plus ou moins bien appliquée, mais
ne dites pas que son intensité varie pour cela. Notre
conclusion : la nécessité d'une expérience est donc
rigoureusement exacte.

Nous nous sommes efforcés de prouver également
que le point d'application n'était pas aussi difficile
à trouver qu'on le pense généralement. C'est la
pensée qui a dominé ces observations ; notre unique désir est que le lecteur l'ait comprise et qu'il
soit convaincu que les questions sociales ne sont pas
insolubles.

Une immense espérance a traversé la terre.

Ce vers du poète a souvent chanté dans notre
mémoire. Oui, une immense espérance a fait tres-

saillir l'humanité vers le milieu du siècle dernier. Une aurore nouvelle a semblé se lever sur notre vieux monde à la voix des Saint-Simon et des Fourier ; aux jours de sang et de carnage ont succédé des jours de paix et de travail ; les peuples ont réclamé plus de justice et moins de souffrances et cette foi nouvelle n'a plus depuis quitté leurs âmes.

Puisse cette foi ne pas être déçue ! En tous cas le devoir de tout homme de bonne volonté est de chercher à se rendre utile à la cause commune et de contribuer dans la mesure de ses forces à l'accélération du progrès. Si modeste que puisse être le résultat de ses efforts, il aura satisfait ainsi au grand devoir de solidarité sociale.

FIN

TABLE DES MATIÈRES